AF404443

Andreas Herteux

Le prime basi del capitalismo comportamentale

Inventario di una nuova varietà di capitalismo

Editore: Erich von Werner Society

Editore: Erich von Werner Verlag

ISBN 978-3-948621-02-5

Tenore

Osservazioni introduttive..................1

Capitalismo comportamentale - Una nuova varietà di capitalismo guadagna potere e influenza..................... 6

Capitalismo comportamentale - Aumento nell'ombra 31

Capitalismo comportamentale e Capitalismo di sorveglianza - Un confronto tra due interpretazioni di uno sviluppo del capitalismo 42

Domande e risposte 86

Osservazioni introduttive

Il mondo sta cambiando a tutta velocità. Il progresso tecnologico, che ha seriamente rimodellato e spesso cambiato radicalmente la vita sociale, politica, economica e individuale. Ma questo sviluppo è molto più di una piccola estensione dell'essere esistente. Questo cambia radicalmente eppure non sembra esserci una descrizione sufficiente per questo processo e per il suo uso commerciale. Ci sono solo poche aziende Internet che hanno offerte completamente nuove? O tutto deve essere interpretato su scala più ampia? Dove porta? Cosa succede ai dati e come vengono utilizzati? Come si genera profitto con il nostro comportamento? C'e' qualche possibilita' di manipolazione qui? Le questioni critiche esistono, ma rimangono frammentarie.

In sintesi, sembra essere emersa la sensazione che ci sia in gioco molto di più dei nuovi modelli di business, eppure finora non c'è stata alcuna forma di articolazione, nessuna struttura descrittiva che affermi chiaramente che non si può più parlare della condotta commerciale delle singole aziende, ma che dobbiamo già parlare di una nuova varietà di capitalismo: Capitalismo comportamentale. Questo capitalismo è cresciuto con una velocità mozzafiato ed è diventato parte integrante della vita di molte persone in quanto strettamente legato allo sviluppo tecnologico. Offre opportunità, ma anche rischi, poiché il suo potere, a differenza del capitalismo finanziario, che è cresciuto anche nell'ombra, si estende all'intimità dell'individuo e si consolida sempre più. Per questo motivo è di fondamentale importanza portarlo fuori dalla luce approssimativa e nebulosa, nominarlo chiaramente e discuterlo. Finora, questo non è stato possibile, tranne che per i singoli pezzi.

Il modello di capitalismo comportamentale cerca di colmare questa lacuna e quindi per la prima volta crea un ordine che rende tangibile e comprensibile una nuova varietà di capitalismo. Allo stesso tempo, questo crea una base per l'argomentazione che è adatta a lasciare la cerchia di esperti e studiosi e a diffonderli in generale e in modo comprensibile, perché la discussione sul capitalismo comportamentale non è una discussione che può essere condotta solo in piccoli circoli, in certi ambienti o nel feuilleton, ma deve diventare un argomento centrale del grande pubblico.

Con questo progetto siamo ancora all'inizio. Ma se non iniziamo, il capitalismo comportamentale, analogo al capitalismo finanziario, funzionerà nell'ombra e forse dispiegherà un potenziale che può essere utilizzato più per il potere e il dominio che per il bene dell'umanità. Alla luce e con l'aiuto dell'osservazione pubblica, sembra più facile dirigere il fiume torrenziale nella giusta direzione che sperare infantilmente e ingenuamente che ciò avvenga da solo. Ma siamo ancora alla linea di partenza immaginaria con questo pensiero.

Pertanto, questo articolo copre principalmente le precedenti pubblicazioni sul tema del capitalismo comportamentale. Essi saranno quindi stampati così come sono stati pubblicati. La ridondanza è quindi dato, ma senza dubbio crea anche valori di memoria.

Queste pubblicazioni hanno dato luogo a discussioni e domande iniziali, che sono trattate in una sezione separata.

Si tratta quindi di una documentazione di una fase iniziale che può servire come opera di riferimento stampata, ma che non pretende in alcun modo di presentare l'oggetto della ricerca in modo definitivo e definitivo.

Va anche notato che il capitalismo comportamentale sarà un tema centrale del XXI secolo, ma ne rimane solo una parte. Un'immagine importante, ma che non può essere separata da elementi come la lotta milieu, la società irritante, il cambiamento dei tempi e l'individualismo collettivo per un quadro coerente del presente e del futuro. Solo una visione d'insieme è la chiave per una comprensione globale e quindi per una soluzione globale. Il capitalismo comportamentale è quindi un importante modello esplicativo, ma che richiede una classificazione in una struttura più ampia, che, tuttavia, non farà parte di questo scritto.

Tenerlo presente può essere difficile, a causa della bisanzia e della dominanza del contenuto delle singole sottoaree, poiché ognuna di esse potrebbe essere oggetto di un'intera vita di ricercatore, ma è assolutamente necessario, perché altrimenti si può arrivare a pregiudizi unilaterali. Ciò deve essere evitato dalla suddetta visione d'insieme.

Andreas Herteux

Capitalismo comportamentale - Una nuova varietà di capitalismo guadagna potere e influenza

- Il comportamento umano è una materia prima utilizzabile

- Questa materia prima è diventata un fattore di produzione grazie al progresso tecnologico.

- Questo fattore di produzione ha portato a nuovi modelli di business che ora hanno un impatto massiccio sulla vita economica, politica e sociale.

- Occorre quindi parlare di una nuova variante del capitalismo: il capitalismo comportamentale.

- Questa nuova forma di capitalismo non è ancora intesa come tale, il che comporta il

pericolo che crei rapporti di potere e di mercato che difficilmente o difficilmente potranno essere corretti in seguito.

Il mondo sta vivendo un cambiamento dei tempi e un'era di cambiamento. Dinamico, veloce e a che punto questo può essere riconosciuto più chiaramente che dal progresso tecnologico, che cambia in modo potente e ad una velocità incredibile la vita personale e comunitaria e non lascia quasi nessun campo intatto, che si tratti di politica, società o economia. Nell'ambito di questo processo, l'influenza si è spostata e ne sono state create di nuove. Ma tutto questo quasi impercettibilmente, quasi strisciando nell'ombra, eppure alla fine quasi tutto è tangente. La tecnologia più che mai significa potere e questa particolare influenza attraverso il mondo intelligente, può essere trovata oggi nel mondo occidentale sorprendentemente abbinata a poche aziende, che naturalmente hanno scarso interesse a spiegare i rischi della loro attività troppo pubblicamente, perché vedono soprattutto le opportunità delle loro azioni e non i pericoli. Chi li biasimerà? Quante persone capiscono veramente i loro modelli di business? Non sembravano spuntare dal nulla, queste aziende da miliardi di dollari che ora sono indispensabili?

Questa nuova influenza dei grandi gruppi tecnologici, che spesso esistono solo da pochi anni, è sorprendente e sorprendente, così come lo sviluppo che i loro prodotti sono diventati una parte indispensabile della vita quotidiana di molte persone e della società a rotta di collocazione. Una conquista silenziosa eppure sono molto più che semplici modelli di business intelligenti che possono essere facilmente integrati nell'esistente. Queste aziende sono solo attori in un campo di gioco che ha reso possibile la loro esistenza e la loro crescita. Una cosa che finora è stata troppo spesso sottovalutata e trascurata è il capitalismo comportamentale.

Con questo termine, il bambino stesso è stato derivato e battezzato dall'autore di queste righe, il sentimento per lo spostamento dei rapporti di potere ottiene un quadro ordinato, ben fondato e diventa comprensibile. L'accumulo di potenza non può più nascondersi dietro i meccanismi del nuovo, ma è chiaramente visibile nella luce. Una necessità, perché un capitalismo comportamentale sfrenato e sfrenato è ancora più pericoloso di un capitalismo finanziario arrabbiato, perché ha bisogno non solo di capitale, ma dell'uomo nel suo complesso per la raccolta. In qualsiasi momento, in qualsiasi giorno. Sì, il fenomeno era palpabile. Ora trova la sua analisi e il suo ordine. Il capitalismo comportamentale deve quindi essere identificato e interpretato per poterlo affrontare con fiducia in se stesso e in modo positivo. Il cavallo selvaggio ha bisogno di dressage, altrimenti passerà attraverso alla fine.

In casi isolati, e questo va notato, ci sono già ulteriori tentativi di dare alla nuova era una forma verbale, di cui in particolare il concetto di capitalismo di sorveglianza di Shoshana Zuboff va menzionato, ma questo, e perdonatemi questa parola, non si spinge abbastanza lontano per spiegare sufficientemente i corrispondenti cambiamenti globali e si concentra fortemente anche su possibili aspetti negativi di uno sviluppo impetuoso, che può essere sia una benedizione che una maledizione, la verità di solito sta nel mezzo.

Il modello di capitalismo comportamentale segue quindi un approccio diverso, neutrale e ha poco in comune con il capitalismo di sorveglianza, a parte il fatto che entrambi vogliono avvicinarsi allo stesso fenomeno. Tuttavia, si raccomanda di lavorare con questa preparazione. Tuttavia, poiché queste pagine sono intese solo per descrivere brevemente il capitalismo comportamentale, un esame più approfondito di altri concetti può avvenire solo separatamente.

Cominciamo quindi con l'argomento vero e proprio e cominciamo subito con una definizione:

Il capitalismo comportamentale è una variante del capitalismo in cui il comportamento umano diventa il fattore centrale per la produzione e la fornitura di beni e servizi.

La chiave per comprendere questa nuova forma di capitalismo è considerare il comportamento umano come una risorsa utilizzabile. Da questo, per quanto si possa vincere a sufficienza, da un lato si possono ricavare i bisogni delle persone, ma dall'altro anche le previsioni per le azioni future. Sulla base di questa materia prima, si possono quindi produrre prodotti e servizi che corrispondono alle esigenze o ai comportamenti futuri. E' anche possibile scambiare i dati stessi sul mercato. Come si definisce il comportamento?

Comportamento significa agire, tollerare e non agire. I processi possono essere conscio o inconscio. E 'influenzato e prodotto da stimoli.

Tutto questo può sembrare terribilmente astratto, ma a ben guardare, il comportamento è sempre stato usato come materia prima, anche se non sempre così. Non vogliamo riferirci alla vendita di indulgenze nel Medioevo, ma al settore assicurativo. Si tratta di un ottimo esempio di come il comportamento del cliente, spesso nella persona del rappresentante, viene ricercato, poi valutato dall'azienda e infine utilizzato per migliorare i prodotti esistenti, cioè le assicurazioni, e per creare nuovi servizi. Solo in questo modo erano concepibili sviluppi creativi come la salvaguardia della propria morte. Poiché si tratta di beni immateriali, cioè di beni immateriali, il comportamento delle parti interessate e dei clienti riveste una notevole importanza.

Fondamentalmente, è sempre stato un fattore produttivo, almeno in questi ambiti, ed è proprio con questa idea che possiamo avvicinarci a questa nuova forma di capitalismo, perché il riconoscimento che le esigenze e i comportamenti dei potenziali clienti sono una componente importante per poter offrire e vendere prodotti e servizi in modo efficace non è né originale, né richiede uno studio più approfondito.

Ma ora le condizioni sono cambiate, perché lo sviluppo tecnologico ha portato a nuovi modelli di business che hanno acquisito una tale influenza da sollevare la questione se da tempo si sono sviluppati in una forma indipendente di capitalismo, il capitalismo comportamentale. Questo ci porta alla tesi centrale di questo articolo, che è che nuove possibilità di skimming comportamentale hanno trasformato la materia prima in un fattore di produzione e quindi in una variante del capitalismo in sé.

Il fattore centrale di produzione del capitalismo comportamentale è il comportamento umano.

Non che non sempre si volesse sapere quanto più possibile, ma solo con il suddetto sviluppo tecnologico il problema della difficile acquisizione di dati comportamentali è scomparso nel giro di poco tempo. Non sorprende quindi a che velocità sono emerse grandi aziende tecnologiche come Amazon, Facebook o Google, che hanno iniziato a raccogliere dati, a usare comportamenti secondo metodi capitalistici e a incorporare le persone poco a poco. Algoritmi e automazione hanno reso possibile ciò che gli esseri umani non sarebbero stati in grado di fare.

Erano i grandi capitalisti comportamentali. Ora analizzano lo stimolo dell'homo e cercano di generare informazioni o dati sulla base del suo comportamento o di offrire o mediare prodotti e servizi. Su misura per l'individuo. Il "comportamento" della materia prima è diventato un fattore di produzione.

Questo nuovo fattore di produzione è ormai così importante che è diventato indispensabile anche per il capitalismo classico e finanziario, poiché la conoscenza dei comportamenti attuali, composti da grandi quantità di dati ottenuti, permette in molti casi di valutare o influenzare i comportamenti futuri.

Oggi, il comportamento è anche un fattore di produzione centrale per il capitalismo classico e finanziario e integra il lavoro, la terra e il capitale.

Questo comportamento viene poi utilizzato direttamente come merce o trasformato in prodotti di soddisfazione e/o di previsione in un processo produttivo.

Un **prodotto di soddisfazione mira a** soddisfare i bisogni umani.

Un **prodotto di prognosi** predice il futuro comportamento umano.

I dati comportamentali possono essere scambiati anche senza ulteriore elaborazione.

Algoritmi e sempre più intelligenza artificiale si fanno carico di questo compito. Per semplificare, riassumiamo questo processo decentralizzato nella metafora descrittiva della fabbrica comportamentale.

La memorizzazione del comportamento così come l'elaborazione a soddisfazione e la prognosi dei prodotti avviene nella fabbrica di comportamento.

Tanto per le definizioni di base e la storia dello sviluppo. Nel seguito, la funzionalità e il processo di creazione di valore del capitalismo comportamentale saranno esaminati più in dettaglio.

Il ciclo del capitalismo comportamentale

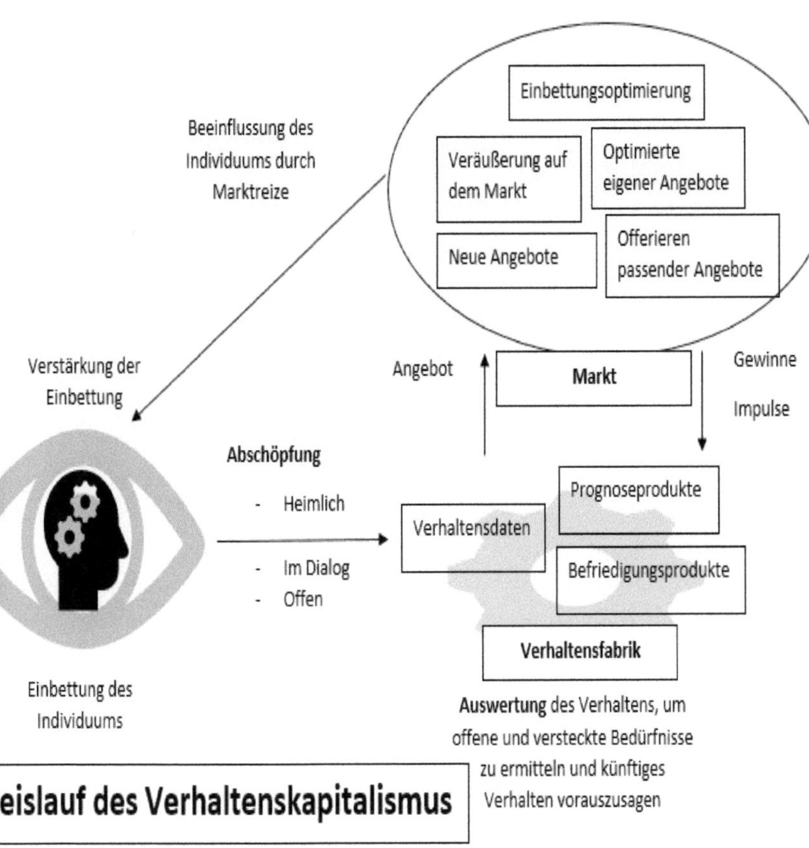

Assorbimento dei dati comportamentali

Il capitalismo comportamentale si basa sul comportamento della materia prima e del fattore produttivo, che si crea dalla reazione dell'individuo agli stimoli. Deve prima di tutto vincere con la scrematura. Ci sono sempre stati tentativi di questo tipo, ma è stato il progresso tecnologico guidato dal cambiamento dei tempi che ha reso possibile la raccolta automatizzata in grandi quantità. Il processo di scrematura ha tre varianti:

- **Scrematura aperta**

  In questo caso, l'individuo è consapevole che i suoi dati saranno utilizzati per produrre alcuni prodotti corrispondenti di previsione e soddisfazione.

  Un esempio tipico è l'input in un motore di ricerca. Il suo comportamento o interesse personale viene usato apertamente per presentarlo con il risultato desiderato. In un solo minuto, ad esempio, il 2017 sarà un evento mondiale:

- 3,8 milioni di ricerche di Google

- 47.000 Instagram Photo Uploads

- 4,1 milioni di clic video su Youtube

- 530.000 foto condivise con chat istantanea

- 456.000 trasmissioni di messaggi su Twitter

Queste cifre dimostrano in modo impressionante che molti dati comportamentali sono trasmessi volontariamente in molti casi, perché questo crea valore aggiunto per l'utente.

- **Scrematura dialogica**

  Nello skimming dialogico, l'individuo e una macchina (algoritmo, AI) entrano in un processo di dialogo che serve non solo per identificare i bisogni, ma anche per stimare il comportamento futuro. In questo modo, entrambe le parti reagiscono agli stimoli ed è ora possibile rivelare esigenze di cui l'utente potrebbe non essere a conoscenza. L'interazione può essere aperta o nascosta. L'importante è che il processo vada al di là di un'azione.

- **Scrematura nascosta**

Con la scrematura nascosta, il comportamento viene raccolto e ulteriormente lavorato o rivenduto senza che l'utilizzatore ne sia a conoscenza. Un esempio potrebbe essere quando i dati di profilo di un individuo è utilizzato in un social network per sviluppare prodotti e servizi commerciali da utilizzare per la manipolazione o il controllo del comportamento. Il caso esemplare sarebbe l'uso di 87 milioni di dati utente Facebook di Cambridge Analytica per la campagna elettorale di Donald Trump nel 2017.

I confini tra le singole varianti sono naturalmente fluidi. Ad esempio, la maggior parte degli utenti dei motori di ricerca sono ormai ben consapevoli che i risultati sono accompagnati da annunci di prodotti della stessa gamma di argomenti. Analogamente, gli utenti dei social media dovrebbero essere consapevoli del fatto che i loro dati vengono utilizzati per l'integrazione. Una rigida separazione dei tipi di prelievo non ha quindi molto senso.

Trasformazione nella fabbrica comportamentale

I volumi di dati ottenuti sono ora memorizzati nella fabbrica comportamentale, una metafora per rappresentare in modo più plastico un processo di lavorazione complicato e decentralizzato, e trasformati in parti in prodotti. Vengono prodotti di previsione e di soddisfazione.

I prodotti di previsione sono utilizzati per stimare il comportamento futuro di un individuo. Un esempio tipico è quello di un utente di un social network che si interessa di escursionismo, presenta foto e documenta la partecipazione ad eventi. L'algoritmo può ora leggere questi dati e integrarli con altre informazioni come l'età, il luogo di residenza, l'inclinazione del marchio, lo stile, ecc. L'algoritmo può anche leggere i dati dai dati. In combinazione con la lettura della cronologia del browser, che può accadere anche se non si è più connessi alla rete corrispondente, viene creato un prodotto di previsione, il cui risultato potrebbe essere, ad esempio, che proprio questo utente ha grandi probabilità di ripartire per i tour corrispondenti in estate. Sarebbe quindi opportuno confrontarsi con lui praticamente poco prima con servizi (ad es. offerte di viaggio) o prodotti (ad es. scarponi da trekking) adeguati. Il prodotto di previsione apre la porta ad un approccio mirato.

I prodotti di soddisfazione, invece, sono specificamente mirati a soddisfare le esigenze individuate. Non nel futuro, ma nel presente. E' interessante notare che un prodotto di soddisfazione può riferirsi sia ad un bisogno di cui l'utente è consapevole, sia ad un bisogno su cui non ha ancora riflettuto, ma che risulta dall'analisi dei comportamenti. Sono quindi proprio i prodotti di soddisfazione, ma anche i prodotti di prognosi, che hanno la funzione di rivelare i bisogni interiori dell'individuo e possono quindi essere un importante elemento di autorealizzazione.

Negoziazione sul mercato

Sia i prodotti di prognosi e di soddisfazione che il comportamento stesso possono essere utilizzati o venduti dallo stesso raccoglitore di dati. Questo genera enormi profitti, che di solito vengono reinvestiti. Non necessariamente solo nel modello di business precedente, ma anche in altri campi che invitano al networking. Per il mercato si presentano quindi le seguenti opportunità:

- **Offrire le offerte adatte**

I dati vengono utilizzati per offrire offerte adeguate all'individuo. Questo può essere costituito da servizi e prodotti propri, combinati, tuttavia, questi sono di solito con la pubblicità per conto terzi. Il nucleo del modello di business è ancora oggi visibile qui.

Nel complesso, si stima che il 25% degli introiti pubblicitari globali sono ora generati da Facebook e Google, due dei migliori esempi di capitalismo comportamentale applicato. Nel 2016, era ancora il 20%. Tendenza in aumento.

- **Nuove offerte**

  Il comportamento rende necessaria la progettazione di prodotti completamente nuovi per soddisfare le esigenze da essi individuate. L'idea di trarre le innovazioni necessarie e gli ulteriori sviluppi dall'osservazione del mercato è antica quanto l'attività economica stessa, ma grazie alle nuove possibilità di travasare una materia prima che prima era difficile da estrarre, ha raggiunto una dimensione completamente nuova.

- **Ottimizzazione delle proprie offerte**

  Le proprie offerte sono migliorate e adattate da prodotti comportamentali e feedback appropriati. Ciò vale sia per i raccoglitori dei dati che per i loro clienti. In particolare, la macchina per l'apprendimento si basa su queste reazioni per migliorare costantemente le sue funzioni.

- **Vendita sul mercato**

  I volumi di dati sono messi a disposizione di terzi come prodotti grezzi o già in lavorazione per la propria attività commerciale.

- **Incorporare l'ottimizzazione**

  L'individualismo collettivo conosce l'integrazione dell'uomo nella creazione di una realtà individuale. Il capitalismo comportamentale contribuisce a ciò attraverso un ciclo continuo di skimming comportamen-tale.

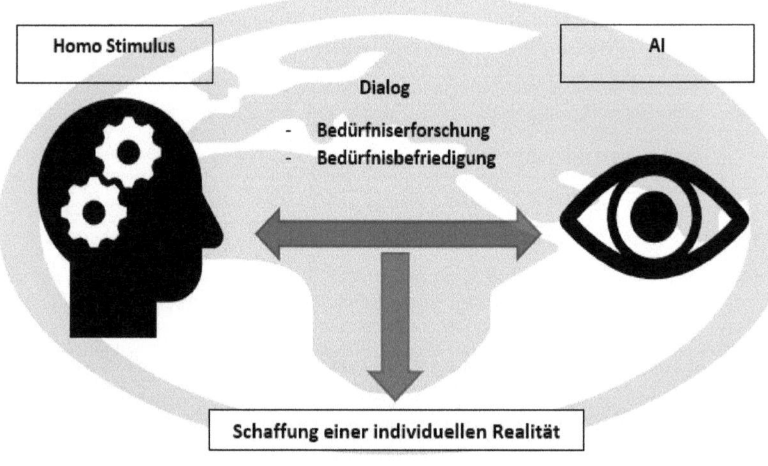

Stimolazione dell'individuo a reagire

Nel caso ideale, l'individuo reagisce agli stimoli offerti e crea così nuovi comportamenti, che a loro volta possono essere eliminati. Il risultato è un ciclo di integrazione, che alla fine può portare alla creazione di una realtà individuale.

In un individualismo collettivo completo, che ovviamente presuppone un costante sviluppo tecnico, la scrematura affonderebbe a poco a poco in una realtà individualizzata. Tuttavia, questo è ancora incompleto a causa della presenza di lotte milieu. Allo stesso tempo, il comportamento delle materie prime e il capitale di investimento si accumulano, il che migliora ulteriormente le possibilità della fabbrica di comportamento e della scrematura. Si sviluppa un ciclo. Il gioco, guidato dalla macchina, inizia dall'inizio. Così, da un lato, provoca l'integrazione dell'uomo, ma allo stesso tempo provoca anche l'ulteriore allontanamento degli ambienti sociali.

Inventario e prospettive

Il capitalismo comportamentale è una variante del capitalismo che, come il capitalismo finanziario, è difficile da identificare nei suoi effetti e quindi svolge solo un ruolo secondario nella percezione pubblica e nell'agenda politica. Lo usa abilmente per diffondersi e consolidarsi, cosa che nel capitalismo è spesso caratterizzata dall'emergere di monopoli o oligopoli. Ciò è dimostrato in modo impressionante dalla situazione reale dei gruppi tecnologici e dal loro potere di mercato.

Il capitalismo comportamentale si è quindi saldamente consolidato, ma senza essere percepito come tale. La tecnologia all'avanguardia consente un'integrazione inedita che può penetrare nelle zone più intime dell'individuo. Uno sviluppo che richiede un esame più attento e non deve continuare a svolgersi nell'ombra, perché un capitalismo comportamentale scatenato sarebbe una forza ancora più forte di quanto non lo sia mai stato il capitalismo finanziario. Sarebbe un mezzo di dominio.

La presentazione di questo sviluppo è stata volutamente neutrale, in quanto comporta opportunità e rischi. L'inserimento dell'individuo nel proprio mondo, che serve al proprio soddisfacimento dei bisogni e alla realizzazione di se stesso, non è inizialmente negativo, soprattutto perché non deve essere progettato in modo chiuso. D'altra parte, naturalmente, c'è un mondo centrale di chi alla fine controlla gli stimoli e i dati e se il comportamento o addirittura la propria realtà viene manipolato. Questo, come il modello di capitalismo comportamentale, è ora in discussione.

Questo documento è disponibile sotto il DOI 10.13140/RG.2.2.18058.18058.62402 ed è stato pubblicato più volte nella stessa forma e in tedesco

e inglese e pubblicato per la discussione. In Germania, ad esempio, sul settimanale "Der Freitag":

https://www.freitag.de/autoren/aherteux/der-aufstieg-des-verhaltenskapitalismus

Capitalismo comportamentale - Aumento nell'ombra

audizione

Andreas Herteux, il fondatore della Società Erich von Werner sul funzionamento e l'influenza crescente del capitalismo comportamentale, che ha studiato, analizzato e identificato.

Signor Herteux, lei ha descritto un nuovo tipo di capitalismo. Come lo descriveresti in poche parole?

Il capitalismo comportamentale è una variante del capitalismo in cui il comportamento umano diventa il fattore centrale per la produzione e la fornitura di beni e servizi.

All'inizio sembra molto astratto.

Questo è vero e rende anche molto difficile riconoscere il capitalismo comportamentale. In realta', non e' cosi' difficile. Pensiamo a un panettiere e alle sue focaccine. Dovrebbe essere chiaro a tutti noi di quali materie prime avrà bisogno per il processo di produzione. Per le nostre focaccine, magari farina, acqua, lievito e un po' di sale. Saltiamo dalla pasticceria a Internet. La maggior parte di noi ha già incontrato pubblicità personalizzata. Ad esempio, siamo alla ricerca di una vacanza in montagna e improvvisamente ci troviamo di fronte a e-mail, banner pubblicitari e social media sull'argomento. Tuttavia, questa pubblicità personalizzata può essere indirizzata a noi solo se il nostro comportamento, in questo caso la richiesta di ricerca, è stato valutato in precedenza. Tutti i servizi, le pubblicità, i suggerimenti per l'amicizia - tutti questi rotoli sono stati prodotti da un unico impasto: il nostro comportamento che prima era aperto, nascosto o scremato in dialogo e poi valutato, il che significa che questa materia prima è stata trasformata in prodotti di prognosi e soddisfazione in una fabbrica di comportamenti metafora per ottenere qualcosa di individuale per noi dal forno metaforico.

Se si guarda dal punto di vista, il comportamento è il fiore all'occhiello delle aziende di Internet?

Giusto, il comportamento umano è quindi ovviamente una materia prima utilizzabile e questa materia prima si è sviluppata attraverso il progresso tecnologico in un fattore di produzione, che ha portato a modelli di business completamente nuovi, che nel frattempo hanno una massiccia influenza sulla vita economica, politica e sociale. Sarebbe fatale parlare di un solo modello di business in questo caso, perché il suo potere è troppo grande per questo. Piuttosto, è una nuova variante del capitalismo: il capitalismo comportamentale.

L'uso del comportamento umano è davvero un fenomeno nuovo?

Naturalmente, il comportamento umano è sempre stato un fattore essenziale e materia prima. Già solo per i settori della vendita e del marketing, ma anche come materia prima. Basti pensare al settore assicurativo, che già da molto prima dell'era moderna, che già da molto prima dell'era moderna ha progettato nuovi prodotti e ottimizzato quelli vecchi. In questo settore, questa materia prima è sempre più una base primaria per il business. A proposito, anche in politica o, se vi piace storicamente, nella vendita di indulgenze. Tuttavia, il progresso tecnico ha aumentato quasi all'infinito le possibilità di skimming comportamentale e non hanno più bisogno di un essere umano per la valutazione, ma, per dirla in parole povere, solo della macchina per l'apprendimento. Solo due numeri a sottolinearlo: solo Google aveva circa 3,8 milioni di ricerche nel 2017 e Youtube 4,1 milioni di click video. Al minuto. È possibile calcolare approssimativamente quanti dati comportamentali possono essere scremati in un giorno e per la maggior parte un prodotto o servizio può anche essere prodotto e offerto immediatamente, anche se è solo la risposta ad una ricerca.

Il mio agente assicurativo può solo sognare una tale quantità di dati.

Le compagnie di assicurazione sono molto meglio posizionate oggi, ma si può vedere la differenza nel posto giusto. Solo un cambiamento dei tempi, i cui elementi includono anche il rapido e dinamico sviluppo della tecnologia e il condizionamento dell'uomo al suo uso, che verrebbe descritto come una società irritante, per cui non vogliamo scivolare nella psicologia, hanno trasformato una materia prima in un fattore di produzione. Così oggi possiamo parlare di capitalismo comportamentale.

C'è un parallelo per un tale sviluppo?

Sì, secondo un principio simile, il capitalismo finanziario ha superato il capitalismo classico. Sebbene il capitale sia sempre stato un fattore economico di produzione, era troppo tardi per rendersi conto che aveva portato come elemento indipendente ad una nuova varietà di capitalismo. Ancora oggi, ci sono grossi problemi nel riconoscere e interpretare correttamente i suoi meccanismi. Ecco perche' puo' agire un po' sotto i riflettori. Qui c'è un parallelo al capitalismo comportamentale.

Sohsana Zuboff avverte anche dei pericoli di tale sviluppo, anche se non usa il termine "capitalismo comportamentale" che lei ha coniato, ma parla di capitalismo di sorveglianza.

Sì, e apprezzo molto il suo lavoro meticoloso e critico, ma il suo concetto di capitalismo di sorveglianza ha poco in comune con il modello di capitalismo comportamentale. La signora Zuboff vede il suo capitalismo di sorveglianza, e la parola già tradisce questo, come qualcosa di fondamentalmente negativo e creato dall'uomo, che alcune persone qualche anno fa hanno inventato a Google per guadagnare consapevolmente potere, ricchezza e influenza. Per il capitalismo comportamentale, invece, lo sviluppo è una logica conseguenza del capitalismo ed è in continuità. Non è una degenerazione, come la chiama lei, ma l'acqua semplicemente scorre. Aziende come Google sono emerse da questo fiume e non fuori di esso da qualche parte sulla riva asciutta.

E' vero, tuttavia, che il capitalismo di sorveglianza vede lo sviluppo esclusivamente negativamente. Vuole mettere in guardia, vuole essere soggettivo e non necessariamente mostrare un modello come rappresentazione della realtà. Il capitalismo comportamentale vuole proprio questo, soppesando opportunità e rischi e cercando una presentazione neutrale dei meccanismi generali. Naturalmente, egli vede anche le possibilità di manipolazione, ma anche l'altro lato.

Basti pensare al nostro esempio di query di ricerca. Riceverai anche una risposta da Google & Co. e Youtube ti mostrerà il video desiderato. I contenuti personalizzati non devono essere fondamentalmente cattivi, anche se nascosti, perché con l'incorporazione può anche essere possibile identificare bisogni che le persone non avrebbero mai scoperto senza la nuova tecnologia. Prendiamo l'esempio di una vacanza in montagna. Forse la macchina per imparare che l'alpinismo è sempre stata la tua passione? Sarebbe un male se scoprissi un bisogno interiore così profondo?

Sul lato negativo c'è naturalmente anche la possibilità di manipolazione. Dobbiamo difenderci da loro, ma non dobbiamo ingannare noi stessi, per quanto vogliamo. Le fasce più ampie della popolazione, cioè non pochi ambienti, si scambieranno volentieri parte della loro libertà per un'integrazione che ne determina i bisogni e li soddisfa. Forse qualche homo stimolo homo anche ottenere le possibilità di auto-sviluppo per la prima volta. Sembra spaventoso per alcune orecchie, ma sarà la realtà. Ma le dimissioni sarebbero la reazione sbagliata. Piuttosto, la realtà dovrebbe incoraggiarci a far capire a tutti che non devono scegliere: o libertà, ma possono avere entrambe le cose. Ma non ci sono nemmeno segni di ciò. Una situazione molto pericolosa.

Come affrontare i pericoli del capitalismo comportamentale?

Innanzitutto riconoscendoli e collocandoli nel giusto contesto. Il capitalismo comportamentale, insieme allo stimolo della società, innescherà un'era di individualismo collettivo, in cui il processo di individualizzazione sarà comunque ostacolato dalle lotte milieu. Punti fondamentali con i quali noi della Erich von Werner Society trattiamo in profondità, perché qui è anche la causa della difficile situazione sociale da vedere e non in modelli esplicativi obsoleti del secolo precedente, come il vecchio schema di sinistra-destra.

Questo e il fatto che siamo alle soglie di una nuova era che cambierà radicalmente l'equilibrio internazionale del potere nei prossimi decenni deve essere realizzato e accettato. Qualcosa si muove. Anche se dovessimo riconoscerlo, avremmo bisogno di idee e qui siamo purtroppo diventati molto poco fantasiosi o capitolare in un mondo complesso e con tante interrelazioni, quindi abbiamo bisogno di una soluzione globale che possa risolvere tutti questi problemi. Con il modello di egemonia alternativa (modello AH) abbiamo presentato un modello che potrebbe correggere il capitalismo e affrontare le grandi sfide del nostro tempo. Con esso possiamo trasformare il capitalismo in un'economia di mercato a valore aggiunto.

Il cambiamento in meglio è quindi possibile. Basta solo coraggio.

L'intervista è stata pubblicata in tedesco e inglese su diversi media. Ad esempio, è disponibile qui: https://www.dailypress.com/dp-ugc-article-

behavioral-capitalism-andreas-herteux-on-th-2-

2019-09-18-story.html

Capitalismo comportamentale e Capitalismo di sorveglianza - Un confronto tra due interpretazioni di uno sviluppo del capitalismo

- Il capitalismo comportamentale considera l'assorbimento e l'uso di dati comportamentali come un ulteriore sviluppo logico capitalista nella continuità storica e quindi come uno sviluppo inevitabile.

- Il capitalismo di sorveglianza distingue tra i comportamenti necessari per ottimizzare i servizi esistenti e i dati che non sono necessari per loro. Egli considera l'uso del "comportamento eccessivo" come una forma di capitalismo esplicitamente artificiale, non obbligatorio e degenerato, il cui fine ultimo è l'accumulo di potere, ricchezza e influenza.

- Il comportamento è sempre stato una materia prima del capitalismo comportamentale, che è diventato un fattore di produzione attraverso lo sviluppo tecnico.

- Nel capitalismo di sorveglianza, il cosiddetto "comportamento in eccesso" è stato scoperto da Google e sfruttato gratuitamente da questa e da altre aziende.

- Il capitalismo comportamentale vede sia le opportunità che i rischi di questo sviluppo.

- Il capitalismo di sorveglianza, invece, è interpretato esclusivamente in modo negativo.

- Il capitalismo comportamentale si colloca in un contesto dal quale non può essere strappato e la conoscenza di queste connessioni è indispensabile per affrontarlo e comprenderlo.

- Il capitalismo di sorveglianza è un costrutto isolato, creato qualche anno fa, la cui paternità si trova tra l'altro su Google e può quindi essere combattuto anche in questo modo.

osservazioni introduttive

In un periodo di tempo molto breve, lo sviluppo tecnologico ha reso possibili nuovi modelli di business, ha spostato i rapporti di potere e, alla fine, ha creato una nuova forma di capitalismo. Questo sviluppo è spesso visto in modo critico, ma finora questo dibattito manca ancora di una struttura e di modelli con i quali una classificazione mirata e semplice può essere la base per un'ampia discussione. Ci sono già i primi tentativi di stabilire questi e due interpretazioni di questa evoluzione saranno trattate di seguito.

Questi sono il concetto di capitalismo di sorveglianza e il modello di capitalismo comportamentale. Diversi approcci da contrastare per dimostrare che non si tratta di stabilire nuovi modelli di business, ma di una nuova forma di capitalismo che richiede la nostra piena attenzione, poiché rischia di esercitare una seria influenza sulla vita sociale, sociale, politica ed economica che arriva fino al regno più intimo dell'individuo. Questo potere non può e non deve nascondersi nell'ombra, ma deve far parte di un dibattito pubblico che sarebbe notevolmente facilitato da una presentazione strutturata di questo sviluppo del capitalismo.

Le caratteristiche principali del capitalismo di sorveglianza sono state presentate da Shoshana Zuboff nel suo libro "The Age of Surveillance Capitalism".[1] Questo lavoro serve come base primaria per la discussione e il confronto tra il concetto di capitalismo di sorveglianza e quello di capitalismo comportamentale. Per quanto riguarda la metodologia, va anche notato che le citazioni e quindi anche i numeri di pagina si riferiscono alla versione tedesca dell'opera.[2] Ciò è

---

[1] Zuboff, Shoshana, L'era del capitalismo di sorveglianza: La lotta per il futuro alla nuova frontiera dei libri sul profilo del potere; 31. 01.2019

[2] Zuboff, Shoshana, L'era del capitalismo di sorveglianza. Casa Editrice Campus 4 ottobre 2018; 04 ottobre 2018; 04 ottobre 2018

giustificato dal fatto che il libro è stato pubblicato per la prima volta in tedesco e che è disponibile un gran numero di interviste o rapporti supplementari.[3] Tutte le riunioni tenute in inglese, tuttavia, sono state incluse nella valutazione complessiva allo stesso modo di quelle non inglesi.

D'altro canto, vengono presentati i risultati delle proprie ricerche, la cui pubblicazione, tuttavia, è ancora di natura più recente e deve ancora percorrere la strada dell'istituzione e dell'accettazione.

Gli obiettivi di questo scritto sono quindi:

1) Per confrontare due interpretazioni fondamentali dello sviluppo del capitalismo

2) Contribuire a rendere questo nuovo fenomeno descrivibile e a conferirgli una struttura mediatica.

---

[3] Si riconosce che piccole differenze sono possibili nella traduzione posteriore in inglese.

3) Creare una base di discussione sulle opportunità e sui rischi dello sviluppo capitalistico.

Va notato fin dall'inizio che l'autore di questo articolo è anche l'autore dei trattati sul capitalismo comportamentale.

1. Definizioni e origine

Shosana Zuboff riassume lo sviluppo moderno del capitalismo sotto il termine "capitalismo di sorveglianza". Essa offre una definizione più lunga, da considerare passo dopo passo e rispetto a quella del capitalismo comportamentale:

> *"[.....] [Il capitalismo di sorveglianza è] una nuova forma di mercato che rivendica l'esperienza umana come materia prima gratuita per le sue operazioni commerciali nascoste di estrazione, previsione e vendita.[4]*

Nel capitalismo di sorveglianza, l'uomo alla fine gioca il ruolo di un campo che viene raccolto dalle aziende tecnologiche per guadagnare denaro con i

---

[4] La definizione si trova nell'introduzione e quindi non ha un numero di pagina separato.

prodotti conquistati alla fine, oltre che per guadagnare potere e influenza.

Parallelamente, si sottolinea che il capitalismo di sorveglianza può essere descritto come una nuova forma di mercato attraverso la sua influenza sulla vita sociale, personale, sociale, politica ed economica.

Questo dovrebbe essere contrastato con la definizione di capitalismo comportamentale, che ha alcune somiglianze e molte altre differenze:

"Il capitalismo comportamentale è una variante del capitalismo in cui il comportamento umano diventa il fattore centrale nella produzione e nella fornitura di beni e servizi.[5]

La definizione di capitalismo comportamentale è più ampia perché si concentra solo sul grado di "comportamento" come fattore di produzione. Tuttavia, il capitalismo comportamentale presuppone anche che

---

[5] Herteux, Andreas, Il capitalismo comportamentale - Una nuova varietà di capitalismo guadagna potere e influenza

questa sia una nuova forma di capitalismo. Entrambi i modelli sono d'accordo su questo punto. Una differenza interessante, tuttavia, è che si concentra sul comportamento umano piuttosto che sull'esperienza. Il comportamento è definito come segue:

> *"Per comportamento si intende agire, tollerare e non agire. Il*
>
> *I processi possono essere conscio o inconscio. E 'influenzato e prodotto da stimoli. [.....] Il fattore centrale di produzione del capitalismo comportamentale è il comportamento umano".*[6]

Che si tratti, tuttavia, solo di una sfocatura linguistica deve rimanere aperta, nella panoramica grafica ("The Discovery of the Surplus of Behaviour"; pag.

---

[6] Herteux, Andreas, Il capitalismo comportamentale - Una nuova varietà di capitalismo guadagna potere e influenza

121) nel libro di Zuboff, l'esperienza non è più menzionata. I termini possono essere intesi come sinonimi.

Nel capitalismo comportamentale, d'altra parte, si parla deliberatamente di comportamento perché si basa sulla teoria della società dello stimolo, che assume uno sviluppo in uno stimolo homo.[7]

L'origine del capitalismo di sorveglianza

Le differenze diventano più chiare se si considera la definizione più ampia di capitalismo di sorveglianza. Zuboff[8] descrive questo come *"una forma di*

---

[7] Herteux Andreas, Die Reizgesellschaft - Sulla strada verso l'età dell'individualismo collettivo;
"Una società dello stimolo è generalmente intesa come un'associazione di individui che sono esposti a stimoli che influenzano una forte frequenza, che di solito sono generati artificialmente, e che hanno difficoltà o non sono in grado di resistere a questi stimoli, o in alcuni casi non vogliono opporre resistenza. [.....] Lo stimolo homo, l'uomo stimolo, emerge".

[8] La definizione si trova nell'introduzione e quindi non ha un numero di pagina separato.

*capitalismo tagliato fuori dal suo genere, caratteriz-
zato da una concentrazione di ricchezza, conoscenza
e potere senza precedenti nella storia dell'umanità".*

Il capitalismo di sorveglianza non è solo un'ano-
malia, ma è stato consapevolmente creato da poche
persone all'inizio del recente passato e utilizzato per
aumentare costantemente il proprio potere:

> *"Il capitalismo di sorveglianza inizia con la scoperta dell'eccesso di comportamento [.....] Soprattutto,[9] dobbiamo tenere presente una cosa: Il capitalismo di sorveglianza è stato inventato da un gruppo specifico di persone, in un momento specifico, in un luogo specifico. Non è necessariamente il risultato della tecnologia digitale o del capitalismo*

---

[9] Pagina 121

dell'informazione. E' stato consapevolmente creato [.....][10]

"Google aveva raggiunto i suoi primi successi nel business online all'inizio degli anni 2000 e poi aveva previsto tassi di click rate per annunci personalizzati. Ma il monitoraggio non è più limitato alla pubblicità online. I prodotti creati dalla sorveglianza stanno diventando sempre più redditizi rispetto ai prodotti e ai servizi tradizionali. Le aziende di tutti i ceti sociali competono per i nostri dati comportamentali in modo che possano prevedere cosa, quando e come agiremo, ci sentiremo, vogliamo e compriamo".[11]

---

[10] Zuboff, pagina 108

[11] Intervista con la Süddeutsche Zeitung del 07.11.2018; https://www.sueddeutsche.de/digital/shoshana-zuboff-ueberwachungskapitalismus-google-facebook-1.4198835

> *"Il capitalismo di sorveglianza è un feno-
> meno storico, non un'inevitabilità tecnolo-
> gica. E' stato inventato intorno al 2001 da
> un'azienda chiamata Google".*[12]

È quindi comprensibile solo se alla fine il capitalismo di sorveglianza viene visto negativamente,
perché è il

> *"[.....] fondazione parassitaria [....] fonda-
> mento e quadro di un'economia di sorvegli-
> anza [....] origine di un nuovo potere stru-
> mentale che rivendica al di sopra della
> società e affronta la democrazia di mercato
> con sfide inquietanti. [....] mira ad un nuovo
> ordine collettivo sulla base di una certezza*

---

[12] Intervista al settimanale "Der Freitag" del 02.04.2019;
https://www.freitag.de/autoren/the-
guardian/tyrannei-die-sich-von-menschen-
ernaehrt

totale. [....] un esproprio dei diritti umani critici che può essere meglio inteso come un colpo di stato dall'alto - il rovesciamento della sovranità popolare".[13]

L'origine del capitalismo comportamentale

In contrasto con il capitalismo di sorveglianza, il capitalismo comportamentale vede gli sviluppi del capitalismo non come un piano costruito dall'uomo, ma come un ulteriore sviluppo logico e convincente del capitalismo stesso.

Non Google & Co. hanno sviluppato un modello di business, ma il cambiamento dei tempi ha[14] aperto una nuova direzione per il capitalismo, che è stata presa solo dalle aziende tecnologiche.

---

[13] La definizione si trova nell'introduzione e quindi non ha un numero di pagina separato.

[14] Herteux Andreas, concetto di cambiamento di tempo

Non è stato quindi necessario per nessuna azienda scoprire qualsiasi forma di comportamento nel retro stanza, ma il comportamento è sempre stato una materia prima. Un esempio lampante è il settore assicurativo, che ha studiato, valutato e utilizzato il comportamento dei clienti molto prima dell'era di Internet per ottimizzare gli attuali prodotti assicurativi e generarne di nuovi. Fondamentalmente, è sempre stato un fattore produttivo, almeno in questi ambiti, ed è proprio con questa idea che possiamo avvicinarci a questa nuova forma di capitalismo, perché il riconoscimento che le esigenze e i comportamenti dei potenziali clienti sono una componente importante per poter offrire e vendere prodotti e servizi in modo efficace non è né originale, né richiede uno studio più approfondito.

Ma attraverso le nuove tecnologie, l'instaurazione della società irritante e le possibilità di scrematura delle macchine, un piccolo affluente è nato dal rapido flusso principale del capitalismo, che nel tempo si è sviluppato anche in un pericoloso corpo idrico.

Un'evoluzione che abbiamo già vissuto con il capitalismo finanziario. Anche in questo caso, il capitale è stato un mezzo importante fin dall'inizio, ma in seguito si è rotto e ha fondato una varietà indipendente di capitalismo. Il frutto era cresciuto sull'albero, ma il seme è caduto a terra e vi è cresciuto ad una velocità sorprendente. Non sorprende quindi a quale velocità sono emerse grandi aziende tecnologiche come Amazon, Facebook o Google, che hanno iniziato a raccogliere dati non appena se ne sono emerse le possibilità. Quindi era logico usare il comportamento secondo i metodi capitalistici e incorporare le persone poco a poco. Algoritmi e automazione hanno reso possibile ciò che la gente non avrebbe potuto fare e la materia prima e i semplici mezzi di produzione sono diventati il fattore di produzione di un nuovo capitalismo: il capitalismo comportamentale.

Entwicklung der Spielarten des Kapitalismus
Klassischer Kapitalismus 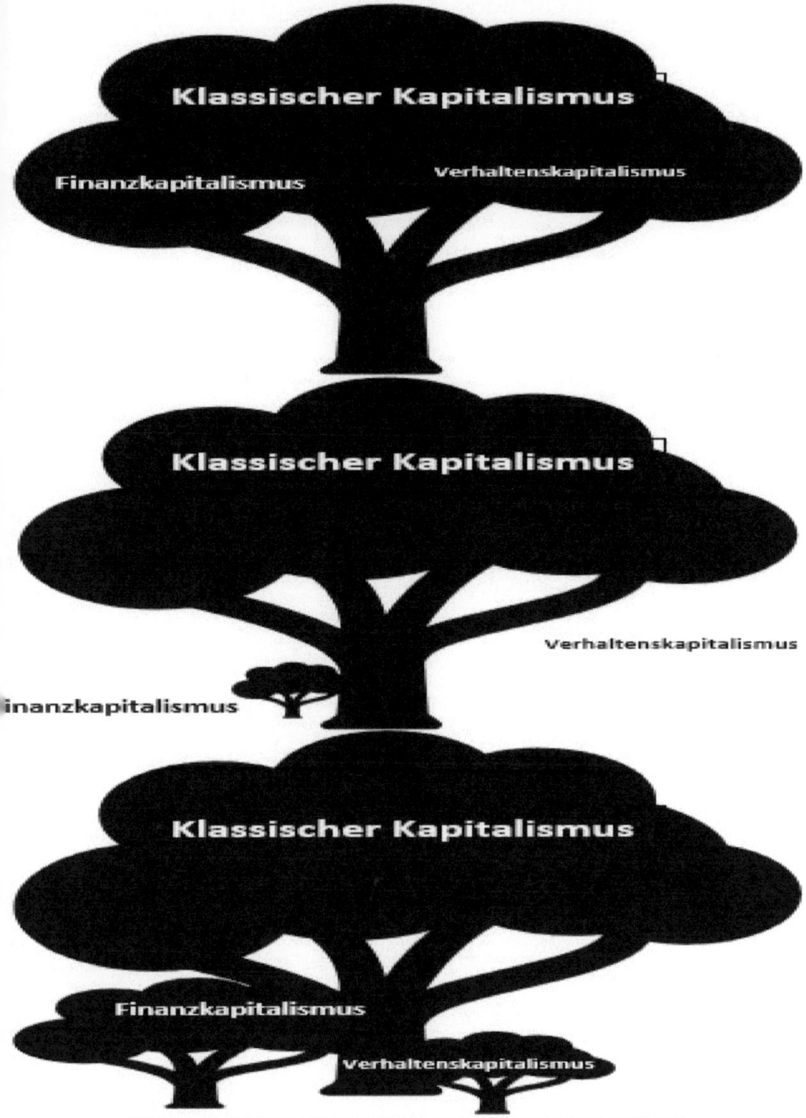
Finanzkapitalismus
Verhaltenskapitalismus
Klassischer Kapitalismus
Verhaltenskapitalismus
inanzkapitalismus
Klassischer Kapitalismus
Finanzkapitalismus
Verhaltenskapitalismus

2. Come funziona

Dopo aver considerato la definizione e l'origine, le funzionalità di entrambe le descrizioni devono ora essere confrontate.

capitalismo di sorveglianza

Zuboff spiega il funzionamento del capitalismo di sorveglianza come segue:

> *"Il capitalismo di sorveglianza rivendica l'esperienza umana unilaterale come materia prima per la trasformazione in dati comportamentali [.....]".*[15]

A questo punto si presume che il capitalismo di sorveglianza, che in definitiva è solo lo strumento minore, venga utilizzato per sottrarre esperienza senza

---

[15] Zuboff, pagina 22

considerazione umana.[16] Un punto molto importante, perché nell'idea di capitalismo di sorveglianza l'individuo è solo la mucca nella stalla, che viene costantemente munta e alla fine, metaforicamente con la perdita della libertà, massacrata. Non sono accettate obiezioni, come quella secondo la quale la persona che inserisce una ricerca riceve in cambio un elenco di risultati o che una scrematura nascosta potrebbe anche servire a identificare i bisogni.

"E' difficile determinare la nostra posizione reale in questa costellazione. In primo luogo, ci è stato detto quanto fossimo felici di ottenere servizi gratuiti. Quando abbiamo scoperto che le aziende stavano raccogliendo

---

[16] Un certo problema sorge di nuovo qui, attraverso l'uso del vago termine "esperienza umana". L'"esperienza" viene eliminata inserendo un termine in un motore di ricerca? O solo il comportamento, gli input. Quando si utilizzano i dati di un profilo Facebook per valutarlo, vengono utilizzati valori empirici? No, alla fine è solo il comportamento di input durante la creazione e il mantenimento del profilo.

dati su di noi, eravamo "il prodotto". E ci è stato detto che si trattava di un commercio equo e solidale. Ma noi non siamo il prodotto, ma piuttosto la fonte, la materia prima liberamente accessibile. Questo a sua volta viene trasformato in prodotti che servono gli interessi di coloro che traggono beneficio dal nostro comportamento futuro".[17]

"Hanno dichiarato di avere il diritto di acquisire la nostra esperienza privata, di trasformarla in dati per possederla come proprietà privata. Google ha iniziato ad affermare unilateralmente che il World Wide Web apparteneva a lui e al suo motore di ricerca. [.....] Una volta che abbiamo cercato su

---

Google, ora Google ci cerca. Una volta pensavamo che i servizi digitali fossero liberamente disponibili, ora i capitalisti della sorveglianza pensano che siamo liberamente disponibili".[18]

Il capitalismo di sorveglianza non solo interpreta quindi il rapporto tra i capitalisti di sorveglianza e gli utenti come unilaterale e parassitario, ma mette anche in guardia da un ulteriore aggravamento di questo squilibrio:

"Ma anche perché uno sviluppo così parassitario è diventato la base di un capitalismo lucrativo del XXI secolo. Vi è ora una concentrazione senza precedenti di conoscenza e potere, libera dal controllo

---

[18] Intervista al settimanale "Der Freitag" del 02.04.2019; https://www.freitag.de/autoren/the-guardian/tyrannei-die-sich-von-menschen-ernaehrt

democratico e al di fuori del nostro controllo individuale. Il capitalismo di sorveglianza si basa su asimmetrie di conoscenza storicamente inimmaginabili. I capitalisti della sorveglianza sanno tutto di noi. Sappiamo molto poco di quello che fanno o sanno. Usano il loro vantaggio di conoscenza per influenzare il nostro comportamento. E' un tipo di potere completamente nuovo.[19]

Dopo la riscossione dei prelievi, i dati ottenuti vengono divisi:

"Alcuni di questi dati sono utilizzati per migliorare prodotti e servizi, il resto è dichiarato un surplus proprietario di

---

[19] Intervista con la Süddeutsche Zeitung del 07.11.2018; https://www.sueddeutsche.de/digital/shoshana-zuboff-ueberwachungskapitalismus-google-facebook-1.4198835

comportamento da cui, con l'aiuto di processi produttivi avanzati, che [.....] possono essere riassunti sotto il termine "macchine o intelligenza artificiale", si producono prodotti di previsione che anticipano ciò che faranno ora, nel prossimo futuro, o in futuro. Infine, questi prodotti di previsione sono negoziati su un nuovo tipo di mercato di previsione comportamentale, [.....] [chiamato] mercato comportamentale a termine.[20]

A questo punto diventa un po' confusa, poiché non sempre si distingue chiaramente se il capitalismo di sorveglianza21 descrive solo l'uso di ciò che viene chiamato "nuovi mezzi di produzione" o anche quello del miglioramento. La formulazione dovrebbe fare riferimento ad entrambi.

---

[20] Zuboff, pagina 22

[21] Zuboff, pagina 121

La questione se non sia una delle caratteristiche fondamentali dell'economia capitalistica il fatto che nuovi prodotti, servizi e innovazioni siano generati da eccedenze di mezzi di produzione è lasciata aperta. Lo stesso vale per valutare se l'identificazione dei bisogni e delle esigenze, che in ultima analisi non è altro che una ricerca di mercato con mezzi moderni, non debba essere la base commerciale di ogni impresa che non può operare sul mercato del venditore, sotto la protezione dello Stato o in un oligopolio o in regime di monopolio.

La separazione causa anche problemi proprio perché Zubuff vede in particolare quei dati che non sono necessari per l'ottimizzazione, cioè il "surplus di comportamento", in modo particolarmente critico:

> *"Vengono resi più dati comportamentali di quanto necessario per migliorare il servizio. Questo surplus fornisce un nuovo mezzo di produzione che produce previsioni dal*

comportamento degli utenti. Questi prodotti sono venduti a clienti commerciali con nuovi contratti future comportamentali. Il ciclo di reinvestimento del valore comportamentale è soggetto a questa nuova logica.[22]

Ma non è forse vero che i dati utilizzati per l'ottimizzazione e la previsione non dovrebbero essere in gran parte identici? E per chi sono i nuovi prodotti? Solo per clienti commerciali? Non per il cliente stesso? E il mercato non è molto più grande di quanto qui descritto? Sembra un po' come cercare di differenziare tra il nuovo capitalismo buono ("ottimizzazione dei servizi") e il nuovo capitalismo cattivo ("uso e generazione di eccedenze comportamentali"), ma questa differenziazione ha davvero senso?

Queste domande possono essere irrilevanti se si vuole rappresentare solo un meccanismo di

---

[22] Zuboff, pagina 121

sfruttamento creato al di fuori della norma capitalistica, allo scopo di accumulare potere, influenza e ricchezza di pochi, ma diventano rilevanti quando si cerca una struttura complessiva di un nuovo capitalismo, ed è proprio questo lo scopo di questo articolo: Rendere il poco appariscente visibile nell'ombra e generalmente comprensibile.

capitalismo comportamentale

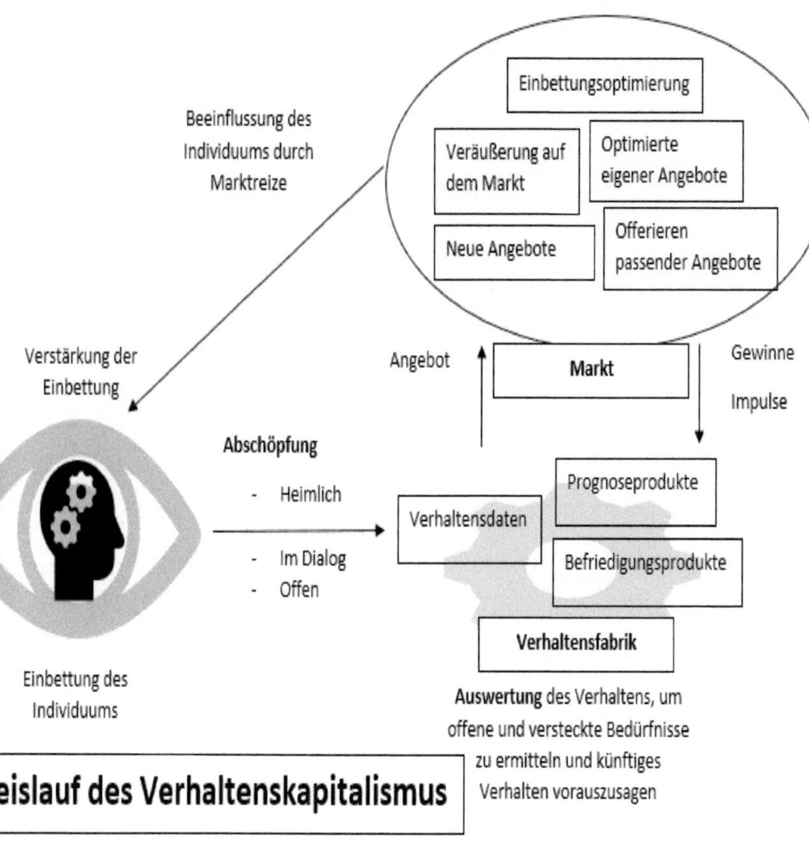

Assorbimento dei dati comportamentali

> **Oggi, il comportamento è anche un fattore di produzione centrale per il capitalismo classico e finanziario e integra il lavoro, la terra e il capitale.**

Il capitalismo comportamentale si basa sul comportamento della materia prima e del fattore produttivo, che si crea dalla reazione dell'individuo agli stimoli. Deve prima di tutto vincere con la scrematura. Ci sono sempre stati tentativi di questo tipo, ma è stato il progresso tecnologico guidato dal cambiamento dei tempi che ha reso possibile la raccolta automatizzata in grandi quantità. Il processo di scrematura ha tre varianti le cui transizioni possono essere fluide:

- **Scrematura aperta**

- **Scrematura dialogica**

- **Scrematura nascosta**

Trasformazione nella fabbrica comportamentale

I volumi di dati ottenuti sono ora memorizzati nella fabbrica comportamentale, una metafora per rappresentare in modo più plastico un processo di lavorazione complicato e decentralizzato, e trasformati in parti in prodotti. Vengono prodotti di previsione e di soddisfazione.

Un <u>prodotto di soddisfazione mira a</u> soddisfare i bisogni umani.

Un <u>prodotto di prognosi</u> predice il futuro comportamento umano.

<u>I dati comportamentali</u> possono essere scambiati anche senza ulteriore elaborazione.

I prodotti di previsione sono utilizzati per stimare il comportamento futuro di un individuo. Un esempio tipico è quello di un utente di un social network che si interessa di escursionismo, presenta foto e documenta la partecipazione ad eventi. L'algoritmo può ora leggere questi dati e integrarli con altre informazioni come l'età, il luogo di residenza, l'inclinazione del marchio, lo stile, ecc. L'algoritmo può anche leggere i dati dai dati. In combinazione con la lettura della cronologia del browser, che può accadere anche se non si è più connessi alla rete corrispondente, viene creato un prodotto di previsione, il cui risultato potrebbe essere, ad esempio, che proprio questo utente ha grandi probabilità di ripartire per i tour corrispondenti in estate. Sarebbe quindi opportuno confrontarsi con lui praticamente poco prima con servizi (ad es. offerte di viaggio) o prodotti (ad es. scarponi da trekking) adeguati. Il prodotto di previsione apre la porta ad un approccio mirato.

I prodotti di soddisfazione, invece, sono specificamente mirati a soddisfare le esigenze individuate. Non nel futuro, ma nel presente. E' interessante notare che un prodotto di soddisfazione può riferirsi sia ad un bisogno di cui l'utente è consapevole, sia ad un bisogno su cui non ha ancora riflettuto, ma che risulta dall'analisi dei comportamenti. Sono quindi proprio i prodotti di soddisfazione, ma anche i prodotti di prognosi, che hanno la funzione di rivelare i bisogni interiori dell'individuo e possono quindi essere un importante elemento di autorealizzazione.

Negoziazione sul mercato

Sia i prodotti di prognosi e di soddisfazione che il comportamento stesso possono essere utilizzati o venduti dallo stesso raccoglitore di dati. Questo genera enormi profitti, che di solito vengono reinvestiti. Non necessariamente solo nel modello di business precedente, ma anche in altri campi che invitano al networking. Per il mercato si presentano quindi le seguenti opportunità:

- **Offrire le offerte adatte**

I dati vengono utilizzati per offrire offerte adeguate all'individuo. Questo può essere costituito da servizi e prodotti propri, combinati, tuttavia, questi sono di solito con la pubblicità per conto terzi. Il nucleo del modello di business è ancora oggi visibile qui.

Nel complesso, si stima che il 25% degli introiti pubblicitari globali sono ora generati da Facebook e Google, due dei migliori esempi di capitalismo comportamentale applicato. Nel 2016, era ancora il 20%. Tendenza in aumento.

- **Nuove offerte**

Il comportamento rende necessaria la progettazione di prodotti completamente nuovi per soddisfare le esigenze da essi individuate. L'idea di trarre le innovazioni necessarie e gli ulteriori sviluppi dall'osservazione del mercato è antica quanto l'attività economica stessa, ma grazie alle nuove possibilità di travasare una materia prima che prima era difficile da estrarre, ha raggiunto una dimensione completamente nuova.

- **Ottimizzazione delle proprie offerte**

  Le proprie offerte sono migliorate e adattate da prodotti comportamentali e feedback appropriati. Ciò vale sia per i raccoglitori dei dati che per i loro clienti. In particolare, la macchina per l'apprendimento si basa su queste reazioni per migliorare costantemente le sue funzioni.

- **Vendita sul mercato**

I volumi di dati sono messi a disposizione di terzi come prodotti grezzi o già in lavorazione per la propria attività commerciale.

- **Incorporare l'ottimizzazione**

  L'individualismo collettivo conosce l'integrazione dell'uomo nella creazione di una realtà individuale. Il capitalismo comportamentale contribuisce a ciò attraverso un ciclo continuo di skimming comportamentale.

Prozess der Einbettung

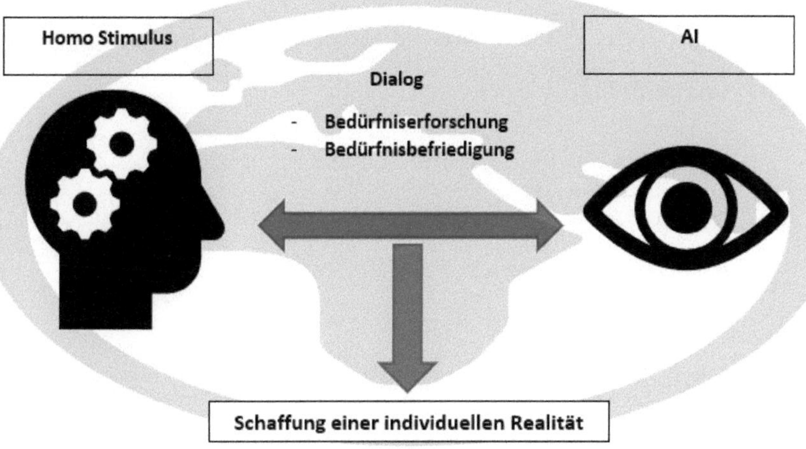

Stimolazione dell'individuo a reagire

Nel caso ideale, l'individuo reagisce agli stimoli offerti e crea così nuovi comportamenti, che a loro volta possono essere eliminati. Il risultato è un ciclo di integrazione, che alla fine può portare alla creazione di una realtà individuale.

In un individualismo collettivo completo, che ovviamente presuppone un costante sviluppo tecnico, la scrematura affonderebbe a poco a poco in una realtà individualizzata. Tuttavia, questo è ancora incompleto a causa della presenza di lotte milieu. Allo stesso tempo, il comportamento delle materie prime e il capitale di investimento si accumulano, il che migliora ulteriormente le possibilità della fabbrica di comportamento e della scrematura. Si sviluppa un ciclo. Il gioco, guidato dalla macchina, inizia dall'inizio. Così, da un lato, provoca l'integrazione dell'uomo, ma allo stesso tempo provoca anche l'ulteriore allontanamento degli ambienti sociali.

3. compenso

Il capitalismo comportamentale è una variante del capitalismo che, come il capitalismo finanziario, è difficile da identificare nei suoi effetti e quindi svolge solo un ruolo secondario nella percezione pubblica e nell'agenda politica. Lo usa abilmente per diffondersi e consolidarsi, cosa che nel capitalismo è spesso caratterizzata dall'emergere di monopoli o oligopoli. Ciò è dimostrato in modo impressionante dalla situazione reale dei gruppi tecnologici e dal loro potere di mercato.

Il capitalismo comportamentale si è quindi saldamente consolidato, ma senza essere percepito come tale. La tecnologia all'avanguardia consente un'integrazione inedita che può penetrare nelle zone più intime dell'individuo. Uno sviluppo che richiede un esame più attento e non deve continuare a svolgersi nell'ombra, perché un capitalismo comportamentale scatenato sarebbe una forza ancora più forte di quanto non lo sia mai stato il capitalismo finanziario. Sarebbe un mezzo di dominio.

Gli ultimi due paragrafi avrebbero potuto essere scritti in modo simile, se non identico, sul concetto di capitalismo di sorveglianza, ma la differenza sotto la superficie è inconfondibile, perché mentre il capitalismo di sorveglianza considera lo sviluppo come qualcosa di anormale, fatto dall'uomo e, in ultima analisi, unilateralmente, il male che dà origine anche al peggio, la rappresentazione del capitalismo comportamentale è volutamente neutrale perché riconosce che si tratta di uno sviluppo normale del capitalismo e offre sia opportunità che rischi. Il lavoro di Zuboff presenta le sfide in modo eccellente e meticoloso, forse più convincente che mai. Non le probabilita'. Questi sono anche negati.

L'integrazione graduale dell'individuo nel proprio mondo è allo stesso tempo una possibilità non solo di soddisfare i bisogni, ma anche di identificarli. Tuttavia, questo processo non può essere separato dal processo capitalistico, come suggerisce Zuboff. Ha bisogno di innovazioni e ottimizzazioni.

Si trascura anche un dettaglio importante: la popolazione di un paese è divisa in ambienti, che decadono sempre più rapidamente, alcuni dei quali hanno opinioni, valori o stili di vita completamente diversi. Una parte considerevole di questi ambienti sarebbe sempre disposta a scambiarsi elementi come la democrazia o le libertà che non sono percepiti per un'integrazione che soddisfi le loro esigenze.

Questa realizzazione può essere spaventosa eppure descrive i fatti. Se Zuboff è dunque di *"essere sabbia nella ruota"*[23], *"la riluttanza dei cittadini e dei giornalisti [.....] gli scienziati [....] i rappresentanti eletti del popolo e dei decisori politici [....] e i giovani [....]"*, allora la *"riluttanza del popolo e dei giornalisti [....] gli scienziati [....] i politici [....] e i giovani [....]"*.

---

[23]Zuboff, pagina 593

Se[24] parliamo di un generale sentimento di *"indignazione"*[25] che dovrebbe svilupparsi, va notato che ciò sarà nell'interesse di una parte della popolazione.

Ma questo è un problema solo se lo sviluppo è visto come una mostruosità isolata che verrebbe controllata con un fucile e una frusta. Infatti, il capitalismo comportamentale non è solo nella continuità storica, ma è di per sé solo una parte di una transizione verso un'era di individualismo collettivo che, insieme alle lotte milieu e allo spostamento dei rapporti di potere globale, plasmerà il futuro.

L'idea che queste grandi forze di cambiamento possano essere contrastate con alcune restrizioni nelle attività commerciali delle aziende tecnologiche occidentali sembra interessante, ma non è molto propositiva, perché ciò non significa che alla fine il campo sarà

---

[24] Zuboff, pagina 596

[25] Zuboff, pagina 595

lasciato a Baidu, Tencent, Alibaba & Co, spesso sostenuti dall'autorità dello stato cinese? Si tratta di una questione importante che deve essere discussa:

I lati oscuri del capitalismo comportamentale sono un problema gigantesco, ma non stiamo forse lasciando il mercato a forze molto più pericolose se indeboliamo le corporazioni occidentali mentre non possiamo influenzare quelle orientali? Richiede quindi un concetto di soluzione globale, come lo troviamo nel modello di egemonia alternativa (modello AH), che non dovrebbe essere un problema in questo caso.

Verso la fine

Questo scritto alla fine se ne è occupato:

1) Per confrontare due interpretazioni fondamentali dello sviluppo del capitalismo

2) Contribuire a rendere questo nuovo fenomeno descrivibile e a conferirgli una struttura mediatica.

3) Creare una base di discussione sulle opportunità e sui rischi dello sviluppo capitalistico.

Shoshana Zubuff è riuscita a presentare in modo eccezionale gli aspetti negativi del capitalismo comportamentale. Un vero lavoro pionieristico. Una rappresentazione sistematica di una nuova varietà di capitalismo probabilmente non è mai stato il suo fine, ma solo un mezzo per esprimere il monito dei pericoli di una nuova era di individualismo collettivo.

Il modello di capitalismo comportamentale offre una descrizione sistematica e una classificazione che può servire come base di discussione.

Questo documento è disponibile sotto il DOI 10.13140/RG.2.2.2.2.28837.65764 ed è stato pubblicato nella stessa forma più volte in tedesco e inglese e pubblicato per la discussione.

rinvii

Zuboff, Shoshana, L'era del capitalismo di sorveglianza. Casa Editrice Campus 4 ottobre 2018; 04 ottobre 2018; 04 ottobre 2018

Herteux, Andreas, Behavioural Capitalism - A New Variety of Capitalism Gains Power and Influence, DOI 10.13140/RG.2.2.18058.18058.62402, agosto 2019.

Herteux Andreas, il concetto di cambiamento dei tempi

Herteux Andreas, La Società di Reiz

Intervista in "Venerdì" dal 02.04.2019; https://www.freitag.de/autoren/the-guardian/tyran-nei-die-sich-von-menschen-ernaehrt

Intervista con la Süddeutsche Zeitung del 07.11.2018; https://www.sueddeutsche.de/digital/shoshana-zub-off-ueberwachungskapitalismus-google-facebook-1.4198835

Domande e risposte

Il modello di capitalismo comportamentale è stato finora accolto positivamente e non è stato messo in discussione come forma di rappresentazione e descrizione.

Le domande e le discussioni sono sorte principalmente perché non è normativa, ma solo descrittiva.[26]

Vuole presentare meccanismi e segnalare le sfide e le opportunità. Mentre i primi due elementi erano considerati benevoli e di supporto, c'erano voci che negavano al capitalismo comportamentale aspetti positivi al di là del profitto del rispettivo fornitore.

---

[26] Tuttavia, la presentazione descrittiva era proprio l'obiettivo: affrontare un fenomeno nuovo, spesso ignorato per negligenza, e presentarlo oggettivamente nei suoi meccanismi, per facilitare una discussione che non ne escluda una parte in generale.

Questo punto svolge quindi un ruolo importante nelle questioni complementari:

Il capitalismo comportamentale ha solo lati negativi ed è un prodotto dello sfruttamento capitalistico?

Il capitalismo comportamentale contiene grandi pericoli. Queste includono senza dubbio le possibilità di manipolazione e controllo. Questi sono ancora massicciamente rafforzati dal condizionamento dell'uomo su stimoli piccoli e veloci dalla seconda guerra mondiale, per cui oggi parliamo di uno stimolo homo.[27]

---

[27] A questo proposito, si fa riferimento alla "Teoria della società irritabile". E' uno sviluppo che è stato condizionato passo dopo passo dal capitalismo, dal cambiamento sociale e dalla politica, senza aspirare ad essi. Lo stimolo homo, l'essere umano condizionato a stimoli brevi e veloci, è in definitiva il prodotto finale.
Questa reazione di stimolo più rapida è riscontrabile in tutti gli ambienti, in quanto si è affermata nel corso dei decenni sia nel mondo del lavoro che nella sfera privata ed è aumentata sempre più. Se si vuole puntare ad un estremo, si consiglia una semplice corsa in metropolitana e si dovrebbe semplicemente

Sono quindi in gioco anche la democrazia e la libertà. Questi pericoli devono essere chiaramente identificati, discussi e contrastati.

Tuttavia, vi sono anche lati positivi[28]. Questi sono da vedere nelle aree del riconoscimento dei bisogni e della loro soddisfazione, perché attraverso i metodi del capitalismo comportamentale possono essere identificati e soddisfatti sia i bisogni conosciuti che quelli finora nascosti dell'individuo.

Facciamo un esempio. Finora un utente è stato plasmato da un ambiente di villaggio diretto e non è mai andato oltre. Non ne è molto soddisfatto, ma alla fine la sua impronta conosce solo questo piccolo

---

prestare attenzione all'influenza che gli smartphone, ad esempio, hanno sulla vita di molte persone e pensare a come era 10 anni fa. Con una tale osservazione è probabilmente più facile capire lo stimolo homo che con tutta la teoria grigia.

[28] L'argomentazione standard delle aziende tecnologiche, secondo cui ogni utente viene ricompensato con servizi per aver sfruttato il comportamento o i dati, non deve essere ulteriormente approfondita in questa sede. L'argomento può certamente essere discusso in modo controverso.

mondo. Attraverso l'uso di Internet, sta entrando nel mondo dei social media. Qui si collega ad alcune persone che da tempo si sono allontanate dal villaggio e guarda le loro foto delle vacanze in un bel giorno. Gli piacciono i luoghi e le ricerche sui motori di ricerca. Improvvisamente, il social media e il motore di ricerca gli offrono sempre più notizie e pubblicità che si concentrano sul tema del viaggio. L'argomento diventa sempre più interessante e più lo cerca, più si integra. Nel frattempo ha esaminato molte destinazioni e offerte, ha ordinato guide turistiche ed è attivo in un forum. Ora sta operando in un mondo tutto suo, in cui una nuova nostalgia è al centro dell'attenzione, alimentata dalla macchina per l'apprendimento. Si rende conto che la sua precedente insoddisfazione è dovuta anche al fatto che voleva uscire dal suo ambiente familiare e vedere il mondo. Finora, tuttavia, gli mancava l'ispirazione. Questo è ora risolto dal processo capitalistico comportamentale, che naturalmente gli fa immediatamente corrispondenti offerte di soddisfazione.

L'anno prossimo, l'utente farà un viaggio intorno al mondo.

E' stato manipolato in questo esempio? O si trattava semplicemente di un desiderio che in precedenza era stato sepolto perché il proprio ambiente non poteva svilupparlo insieme all'utente? Ed e' davvero negativo quando succede? Come possiamo vedere, dobbiamo quindi differenziare in modo molto preciso.

I lati positivi che vengono descritti sono alla fine solo la seduzione da consumare, giusto?

Atteniamoci al caso concreto del prossimo turista. E 'vero che egli consumerà anche molti un capitalista comportamentale ne trarrà beneficio. Si', il consumo e' quello che vuole? O piuttosto una forma di autosviluppo?

Non è proprio il vero modello di successo dei grandi capitalisti comportamentali che si adattano ai desideri individuali e danno un contributo inimmaginabile alla realizzazione personale? Un semplice lavoratore ha ora la possibilità di essere ascoltato nei social media. Per farti vedere. Vivere i propri interessi. Forse anche per essere una star. Quando mai è stato possibile? Cosa c'è di vero?

Non si tratta anche di opportunità di sviluppo? In definitiva, il capitalismo comportamentale crea un mondo individualizzato secondo le esigenze del rispettivo utente e questo non ha nulla a che fare con il consumo materiale.

Coloro che vogliono veramente disegnare il dibattito su questo semplice modello esplicativo del consumatore sedotto, non hanno capito i bisogni umani e quindi l'essere umano.

Inoltre, una visione d'insieme è indispensabile, perché il capitalismo comportamentale non è autonomo. Naturalmente egli, così come la società dello stimolo e lo stimolo homo che ne deriva, appartiene alla prossima era dell'individualismo collettivo, che alla fine viene rallentato solo dalle lotte milieu. E questa nuova era è inevitabile se non vogliamo rifiutare lo sviluppo tecnologico. Ma possiamo decidere come vogliamo disegnarli.

Nessuna persona che pensava di scambiare la libertà e la democrazia con il bisogno di riconoscimento e soddisfazione?

La domanda implica che le persone rappresentano una massa omogenea che condivide gli stessi atteggiamenti e stili di vita. In realtà, tuttavia, le società globali si disintegrano in numerosi ambienti, alcuni dei quali hanno valori completamente diversi. Questa frammentazione dell'ambiente non è ancora completa e continuerà.

Ciò significa anche, tuttavia, che una parte di queste realtà non avrebbe alcun problema, ad esempio, a scambiare la propria cogestione democratica per una soddisfazione garantita dei bisogni. Per quanto alcuni membri di un milieu o di un altro ambiente possano guardare a questa affermazione, essa non cambia la sua veridicità.

Ci sono quindi anche profittatori del sistema e si trovano non solo tra i capitalisti comportamentali, ma soprattutto tra coloro per i quali ciò che sembra in pericolo vale molto meno o niente di quanto non valga per gli altri.

Come si può combattere tutto questo quando alcuni hanno tutto il potere nelle loro mani e metà degli altri sono corrotti?

Attraverso nuove idee e impulsi come il modello di egemonia alternativa (modello AH). In questo modo si crea un operatore di mercato che è sotto controllo democratico e cambia o corregge il capitalismo dall'interno. Attraverso un potere di mercato controllato democraticamente. Questo fa dei valori un fattore di produzione e quindi un contrappeso all'influenza delle imprese private e al potere dello Stato. Né educa le persone, ma anche le aziende e gli enti statali.

Ad esempio, al fine di ottenere una licenza per una tecnologia i cui diritti sono detenuti dal fondo AH Fund, il contratto di utilizzo per la società in questione contiene l'obbligo di

- salari equi

- condizioni di lavoro adeguate

- Rispetto delle normative ambientali

- e che in tutto il mondo

- obblighi di trasparenza

L'azienda non sarà obbligata ad accettare queste condizioni. Ma se vuole generare il massimo profitto, lo farà. O affrontare la concorrenza. Probabilmente lo perderà. In questo modo, i valori diventano un fattore di produzione e il capitalismo riceve una nuova direzione.

A lungo termine, anche il fondo AH realizza guadagni che possono essere reintrodotti nei paesi, ad esempio per sostenere i fondi sociali.

Naturalmente, il modello non può essere presentato in questa sede in tutta la sua ampiezza, per cui si prega di fare riferimento a pubblicazioni separate.

Das Modell der Alternativen Hegemonie (AH-Modell)

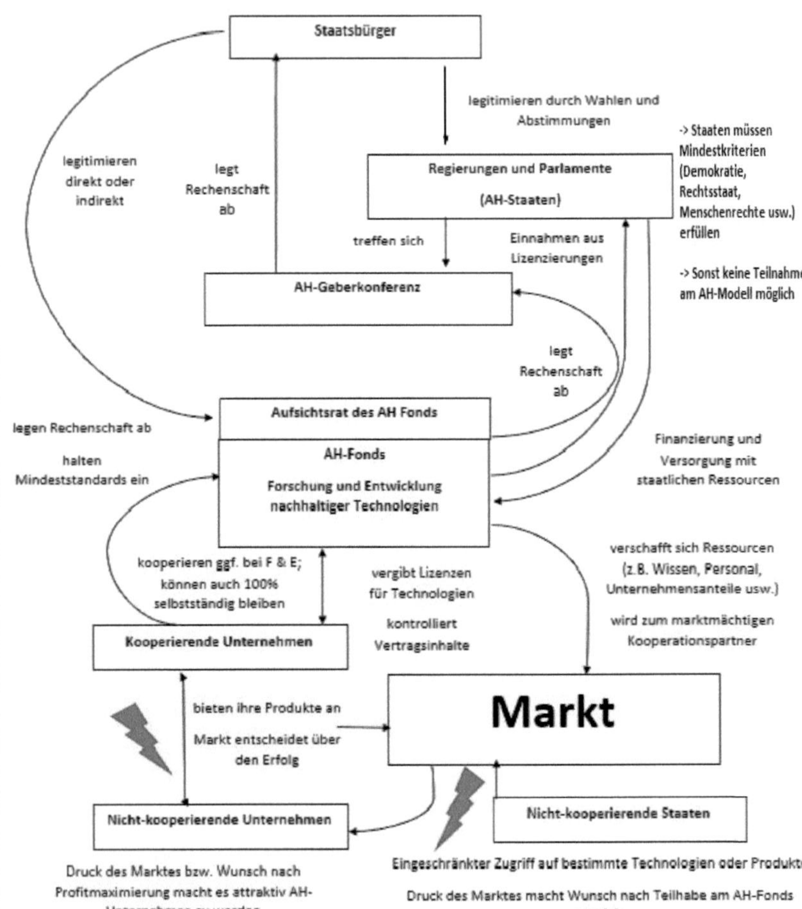

Il modello di egemonia alternativa (modello AH) suona molto bene sulla carta, ma come intendete costringere i capitalisti comportamentali, che dopo tutto sono oligopoli, a partecipare?

Siamo in un cambiamento di tempo che può essere definito in questo modo:

Con il termine "cambiamento di tempo" si intende un periodo di tempo in cui i suoi singoli elementi si influenzano dinamicamente in modo tale da determinare un riordino delle precedenti relazioni di potere (globale). "

Questi elementi sono:

- Progresso tecnologico

- L'ascesa di nuovi concorrenti sui mercati mondiali

- Debolezza degli elementi dominanti fino ad ora

- cambiamento ambientale

- Prospettive mancanti di una parte dell'umanità

La pressione è quindi già lì e sarà sempre più forte e i capitalisti, che vi sembrano un po' come una truppa omogenea, non esistono affatto. Al contrario, ci saranno enormi scontri tra capitalismo occidentale e capitalismo controllato, dove l'ultimo sembra avere le carte migliori al momento.

Quindi chi pensa a Google, Facebook e Co. quando si tratta di capitalismo comportamentale non conosce ancora il potere di mercato di Tencent, Baidu o Alibaba, che sono molto più avanzati in alcuni settori (ad esempio i sistemi di pagamento). Applicazioni come Tictoc o Zao sono cinesi e la loro crescita è gigantesca. Il prodotto occidentale non vincerebbe necessariamente il confronto tra WhatsApp e WeChat. Lo stesso vale a livello statale, dove l'espansione cinese è inconfondibile. L'Occidente sarà quindi sempre più sotto

pressione e dovrà prendere in considerazione alterna-
tive. Questa, a sua volta, sarebbe un'opportunità per
un modello come quello dell'egemonia alternativa.

Informazioni sull'editore

Società Erich von Werner

Erich von Werner Society

Birkenfelder Straße 3

97842 Karbach

<u>**Hompage:**</u>

https://www.understandandchange.com

<u>**Email:**</u>

erichvonwernersociety@understandand-
change.com

Facebook:

https://www.facebook.com/Erich-von-Werner-
Society-Understand-and-change-353251871900615

Twitter:

https://twitter.com/von_society

Informazioni sulla casa editrice

La casa editrice Erich von Werner

Erich von Werner Verlag

Birkenfelder Straße 3

97842 Karbach

Hompage:

https://www.erichvonwernerverlag.de/

Email:

Info@erichvonwernerverlag.de

Facebook:

https://de-de.facebook.com/erichvonwernerver-lag

Informazioni sull'autore

Andreas Herteux

<u>Hompage:</u>

https://www.andreasherteux.com/

Facebook:

https://www.facebook.com/AndreasHerteux

Twitter:

https://twitter.com/aherteuxautor